BIOGRAPHIE

DE

ALBERT LEMAIRE,

DOYEN DE SOLESMES,

EXTRAITE DE LA

Biographie des Membres du Clergé

DU DIOCÈSE DE CAMBRAI, MORTS DEPUIS 1800.

Publiée avec l'approbation de Mgr l'Archevêque.

CAMBRAI,

Imprimerie de C.-J.-A. CARPENTIER, Grand'Place.

LEMAIRE

(ALBERT),

DOYEN DE SOLESMES.

L'orage de la révolution commençait à gronder, le trône et l'autel chancelaient. Entrer alors dans le saint ministère, c'était mettre à la voile sur une mer pleine d'écueils et grosse de menaces à l'horizon. Cependant, malgré cette perspective si peu flatteuse selon le monde, bien des jeunes gens encore se préparaient à entrer dans la carrière sacerdotale.

Parmi eux se distinguait Albert Lemaire, né le 28 mai 1765, à Fontaine-au-Pire, village qui se dessine sur une petite éminence à droite de la route de Cambrai au Câteau.

Deux frères l'avaient précédé dans le ministère ecclésiastique : c'étaient Jean-Baptiste, né le 19 décembre 1752, et Tranquille, né le 5 septembre 1761.

Ils étudièrent tous les trois au collége de Cambrai.

Un quatrième, appelé Nicolas, avait commencé ses études; mais voyant l'état de gêne dans lequel se mettait son père pour subvenir aux frais de l'éducation qu'il voulait donner à ses enfants, il abandonna le collége pour revenir travailler chez ses parents et les aider à soutenir ses trois frères. Bon jeune homme! La charité qui l'éloigna du sacerdoce ne le quitta jamais; il passa sa vie dans une sorte d'apostolat. Il adopta les trois enfants en bas-âge que sa sœur laissa en mourant, et sut leur inculquer des sentiments inaltérables de foi et de vertus qu'ils transmettent à leur tour à la génération qui devra leur succéder. Il mourut célibataire en 1828.

Avant d'entrer en matière et de montrer la vie d'abnégation et de dévouement de M. Albert Lemaire, faisons connaître ses deux dignes frères aînés, dont les vertus méritent aussi bien des éloges.

Jean-Baptiste éprouva d'abord de grandes difficultés pour apprendre; il fût plusieurs fois sur le point de désespérer de ses progrès et d'abandonner les études; mais un travail opiniâtre, et surtout la divine Providence qui avait ses vues, le changèrent complètement et lui firent toujours obtenir des bourses aux séminaires de Douai et de Cambrai. Tremblant devant le fardeau qu'impose le sacerdoce, il ne se le laissa imposer qu'après bien des hésitations qui le firent deux fois quitter le séminaire archiépiscopal.

Ordonné prêtre, il se retira dans sa famille, à Fontaine-au-Pire, d'où il allait, les dimanches et fêtes, offrir le Saint-Sacrifice au château de Béthen-

court. Il était enfin vicaire à la Longueville, lorsque
Monseigneur l'Archevêque, connaissant son humilité
et sa patience extraordinaire, lui offrit un poste tout
de dévouement. Le curé de Frameries devait avoir
un prêtre avec lui; mais ses infirmités étaient telles
qu'aucun co-adjuteur ne voulait partager son habi-
tation et sa table, ce que diverses circonstances
rendaient néanmoins indispensable. D'un caractère
aigri par les infirmités, il avait perdu l'usage des
mains; sa langue purulente et d'une grosseur
démesurée, lui pendait continuellement jusqu'au
menton; il fallait manger à ses côtés, lui placer
les morceaux dans la bouche qu'il ouvrait à peine
et l'aider dans les fonctions les plus rebutantes.
Arrivé près de ce malheureux infirme, M. Lemaire
justifie et surpasse même l'idée qu'on avait conçue
de sa patience et de son amour pour les mortifi-
cations; il se trouve heureux de partager l'office
de tant de saints qui se sont consacrés au soulagement
des misères humaines. Son plaisir est de rendre à
son curé tous les services qu'exige son état; il se
figure qu'il est admis à panser les plaies de N.-S.-J.-C.
sur le Calvaire; il proteste qu'il jouit d'un grand
bonheur et qu'il n'abandonnera ce malade qu'à sa
mort. Quand elle fut arrivée, le jeune et charitable
prêtre fut envoyé comme vicaire à Bavai. Sa piété,
sa charité, la douceur de son caractère peinte sur
sa figure lui valurent bientôt l'estime et l'affection
générale. Il faisait le bien, il était chéri, lorsque la
révolution éclata. Son curé fut assez malheureux

pour prêter le serment à la Constitution civile du clergé et solliciter son vicaire à le suivre dans ses écarts. Celui-ci fut invincible, il résista aux perfides insinuations et à la terreur. Un dimanche, pendant la messe paroissiale, il est sommé par l'indigne pasteur et trois cents hommes en armes d'adhérer à la schismatique Constitution; on dirige sur lui, en le menaçant, des armes meurtrières; il n'hésite pas à mettre sa fidélité à l'Eglise au-dessus de l'amour de la vie; il descend de la chaire dans laquelle on l'avait fait monter, et il s'esquive comme par miracle à travers les baïonnettes menaçantes.

Après cette tentative infructueuse, on crut faire assez pour la république en le tracassant sourdement. Son curé souffrait beaucoup de se voir abandonné de presque tous ses paroissiens, qui plaçaient leur confiance dans le prêtre fidèle; mais sa faiblesse et son indolence l'empêchèrent de persécuter ouvertement son vicaire, dont les vertus répandaient dans la paroisse un si pur et si vif éclat.

Une carrière également religieuse, mais bien différente de celle-ci sous divers rapports, s'était ouverte pour M. Tranquille Lemaire. Il fit ses études dans les mêmes maisons et avec les mêmes succès que son frère Jean-Baptiste; puis, il entra dans la congrégation des Bénédictins de Saint-Maur. Les épreuves du noviciat lui furent pénibles; mais soutenu par la pensée qu'il allait se consacrer à Dieu par les engagements les plus étroits, il sut se surmonter lui-même, et le jour de sa profession fut, comme il le disait, le plus beau jour de sa vie. Cependant ses supérieurs, comprenant ses hautes capacités et sa grande aptitude au travail, le nommèrent professeur à l'école militaire d'Auxerre, fréquentée par la noblesse de France, par des étrangers et surtout par des Américains. Il avait successivement habité les maisons de Sens et de Moustiers-Saint-Jean.

Il se livrait ardemment à ses fonctions, quand elles furent arrêtées par les jours mauvais. Plein de défiance de lui-même et d'une complexion très délicate, il ne crut pas devoir se livrer au ministère apostolique pendant la tourmente révolutionnaire; il eût bientôt succombé aux indispensables fatigues supportées par ses frères beaucoup plus forts que lui. Il retourna chez ses parents pour les consoler de tout ce que leur faisaient souffrir l'absence et les dangers des deux prêtres missionnaires, aussi bien que la difformité de Nicolas, dont le corps avait été courbé par l'excès du travail. Afin de rester auprès d'eux sans être inquiété, il reprit l'habit laïque, se mit à tisser de la batiste et à travailler aux champs de son père. On ignorait d'ailleurs qu'il fût prêtre, et ce secret fut toujours soigneusement gardé, quoique chaque jour, dans la maison paternelle, il offrît le Saint-Sacrifice, demandant à Dieu la conservation de ses frères, que nous allons voir évangélisant le Cambresis et le Hainaut, ou édifiant l'Allemagne par une foi que rien ne peut ébranler.

Parlons maintenant de M. Albert, dont les travaux

nous sont révélés dans de précieux mémoires qu'il
écrivit en Allemagne et que nous avons entre les
mains.

Il était encore au séminaire quand le schisme fut
décrété. Craignant de voir l'intrus envahir le siège
épiscopal, de concert avec ses collègues, il sollicita
le sous-diaconat auprès du légitime Archevêque,
Monseigneur de Rohan ; et malgré la perspective des
tribulations, malgré les sollicitations les plus vives
de ses parents, il fut ordonné sous-diacre vers la fin
de décembre 1790, par M. de Millancourt, évêque
d'Amicles , vicaire-général du diocèse. Cette ordi-
nation fut la dernière qui se fit à Cambrai avant la
révolution ; elle eut lieu dans la chapelle du palais
archiépiscopal. Laissons parler le jeune lévite, il va
nous dicter une page qui sera un jour consignée dans
l'histoire ecclésiastique du diocèse : « Etonnés nous-
mêmes de la constance et de l'intrépidité de chacun
de nous à s'engager dans le ministère si redoutable
alors , nous nous disposions en paix à la réception
du diaconat, quand nous apprîmes l'arrivée prochaine
de l'intrus. Semblables à un troupeau d'agneaux
qui fuient aux approches du loup , nous sortîmes
précipitamment du séminaire pour nous retirer chez
nos parents. Les Jacobins , dès ce moment , nous
regardèrent de mauvais œil : nous aurions dû, selon
leur désir, former le cortège de leur évêque constitu-
tionnel ; et nous avions fui à son approche, et nous
l'abhorrions comme l'ennemi de Dieu et de l'Eglise. »

Monseigneur l'Archevêque de Cambrai s'était retiré

à l'abbaye de Saint-Ghislain, près de Mons; les lévites allèrent le trouver et reçurent de ses mains le diaconat, dans ce lieu tranquille encore. M. Lemaire revint chez ses parents, où, près de son digne pasteur que l'intrus n'avait point encore supplanté, il se prépara au sacerdoce. Au mois de juin 1791, il retourna à Saint-Ghislain pour recevoir le caractère de prêtre. Un de ses compagnons manqua au rendez-vous; le malheureux était allé se jeter dans les bras de l'intrus et en avait reçu l'imposition des mains. « Une joie mêlée de tremblement, écrit M. Lemaire, parut alors sur les jeunes prêtres, et je me rappellerai toujours avec satisfaction, ces adieux tendres que nous nous fîmes, sur le point de nous séparer. Victimes déjà marquées par les persécuteurs, nous savions la carrière de maux que nous avions à parcourir, mais nous n'en connaissions pas le terme; dispersés comme nous allions l'être, nous n'avions de point de réunion à espérer que dans la céleste patrie. »

L'abbé Lemaire ordonné prêtre, ne se contenta pas d'être revêtu du caractère sacré : la grace que le Seigneur lui a faite, il veut la rendre utile à sa patrie. L'exil ne lui convient point; il croit comme saint Paul qu'il est de son devoir de souffrir avec le peuple de Dieu dont il a embrassé les afflictions; en attendant que les événements lui déclarent de quel côté du diocèse il devra se porter, il va demeurer chez ses parents.

Depuis une semaine il disait tranquillement la messe à Fontaine-au-Pire, lorsque le jour de la

Saint-Pierre, au moment où dans la sacristie il s'habillait pour célébrer solennellement sa prémice, l'église fut envahie par des paysans armés. Un jeune homme de seize ans, suivi de tous les méchants que renfermait la paroisse, vint lui défendre de paraître à l'autel. Le prêtre voulut s'expliquer, mais des sabres nus se levèrent sur sa tête, il fut obligé de renoncer à la célébration du Saint-Sacrifice, et le lendemain, voyant le peu de sûreté qu'il y avait pour lui dans son village natal, il se retira chez un oncle à Hordain, près de Bouchain.

Graces à l'attachement des personnes notables de cette paroisse à la vraie religion, on jouissait encore à Hordain de quelque tranquillité, dont M. Lemaire profita pour prémunir le peuple contre le schisme. Cette église, qui n'avait pas encore d'intrus, et vers laquelle on accourait de tous les environs pour recevoir les sacrements, était comme la métropole du canton. Mais Primat avait visité Bouchain, il y avait allumé le feu de la persécution en y établissant un club affilié à celui de Paris. Un des premiers soins des clubistes fut de prouver leur reconnaissance, en persécutant un prêtre fidèle à ses devoirs. Un individu alla leur déclarer qu'on lui refusait l'absolution parce qu'il ne voulait pas cesser de suivre les prêtres constitutionnels. L'occasion était trop belle pour la laisser échapper. Des clubistes viennent le jour de saint Etienne entendre le sermon de M. Lemaire, qu'ils décrètent de prise de corps. Le lendemain, un peloton de soldats qui avait ordre d'appréhender le digne prêtre, envahit l'église d'Hordain, tandis que M. Lemaire distribuait la sainte communion : celui-ci continue, en faisant bonne contenance; les soldats forment une haie pour prendre leur victime; mais les paysans la défendent, et le peloton est forcé de se retirer sans exécuter son mandat. A midi, arrive un second peloton avec la même mission que le premier; il va s'emparer de M. Lemaire; tout-à-coup un officier accourt et défend toute voie de fait. Les pieuses demoiselles Duquenne, rentières à Bouchain, averties des périls du courageux ecclésiastique, avaient été trouver le commandant de la ville et en avaient obtenu contre-ordre. Quant au persécuté, il se tint caché tout le reste de la journée dans la maison de campagne de Mme Dumont de Beaufort. Ces crises, en se renouvelant à différentes reprises, ne firent que redoubler la ferveur des personnes d'Hordain, édifiées, en outre, par l'affluence des catholiques étrangers, qui se pressaient si nombreux dans leur église, qu'un jour, à l'occasion d'une confrérie du Saint-Sacrement, sept prêtres furent occupés à entendre les confessions depuis le matin jusqu'après midi. Ces dignes chrétiens avaient leur raison d'en agir ainsi; car un boucher de Douai, vieillard intrigant, perdu de dettes et père de six enfants, avait reçu de Primat tous les ordres en huit jours; les Jacobins le nommèrent à la cure d'Hordain, et Démory (c'etait le nom de l'intrus) vint prendre possession de sa cure le 1er janvier 1792.

Il n'entre pas dans notre sujet de dire la consternation des fidèles à la nouvelle de l'arrivée de l'intrus, et la réception de celui-ci, qui fut intronisé par quelques hommes du club de Bouchain, et reçut pour tout hommage un bouquet qu'une fille-mère lui présenta.

Dès ce moment, M. Lemaire, qui était revenu d'une course qu'il avait faite chez ses parents, et que dans ses mémoires il se reproche comme une lâcheté, quoiqu'elle fut conseillée par une sage prudence, dès ce moment, M. Lemaire fut en butte à toutes les tracasseries de la part du prêtre intrus : aujourd'hui celui-ci lui refusait les clefs de l'église, le lendemain il lui défendait absolument de dire la messe, une autre fois il célébrait son office à l'heure assignée pour celui du saint prêtre, ou, dans l'impossibilité de lui interdire toute fonction, il venait faire le catéchisme quand celui-ci allait monter à l'autel.

On sait que pendant ce temps d'affliction, les fidèles accourus en foule à l'église pour s'unir aux prières du prêtre catholique, en sortaient précipitamment quand ils étaient surpris de se trouver avec l'intrus, ce qui ne pouvait manquer d'indisposer ces prêtres nouveaux. Celui d'Hordain aurait bien voulu avoir un parti, se rallier des paroissiens ; mais c'était chose impossible. Il essayait néanmoins, employait mille stratagêmes ; mais ces stratagêmes, loin de lui réussir, tournaient à son désavantage et à sa honte. C'est ainsi qu'un jour il porta plainte devant le tribunal de Bouchain, contre quelques catholiques qui lui avaient adressé des observations. Ceux-ci furent condamnés; mais ce triomphe, sur lequel il comptait, causa la désertion de quelques personnes faibles qu'il était parvenu à entraîner dans le schisme, et qui revinrent à M. Lemaire.

De son côté, notre bon prêtre commença ses courses apostoliques dans les paroisses voisines. Sous l'accoutrement d'un valet de charrue, accompagné de deux bonnes gens qui souvent avaient plus peur que lui, il allait à Iwuy administrer les malades, déjouant les ruses que les intrus employaient pour le discréditer et l'empêcher d'exercer son ministère de consolation.

Cependant l'impiété, fatiguée d'une persécution sourde et trop faible à son gré, fait éclater toute sa haine. Un arrêté du département du Nord, rendu dans les premiers jours de mai 1792, accuse les prêtres non assermentés de la déroute des armées, de l'anarchie et du schisme, comme les empereurs romains accusaient les premiers chrétiens de la défaite des légions, des tremblements de terre et des incendies par lesquels ces tyrans se plaisaient à ravager eux-mêmes leur propre capitale; cet arrêté prononce la réclusion de tous les prêtres non jureurs jadis en fonctions, et leur assigne Cambrai pour prison. « J'étais, dit M. Lemaire, depuis deux ou trois jours, chez mes parents, à Fontaine : cinquante paysans armés fondent dans la maison; j'avais eu le temps de me cacher; le respect qu'ils avaient pour mon père les empêcha heureusement de faire des perquisitions; ils se contentèrent de lui prendre ses armes et de feindre que c'était là l'objet principal de leur visite.... Comme je voyais continuellement passer de pauvres prêtres qu'entouraient des nationaux armés, traînant au lieu de réclusion leurs pasteurs qu'ils avaient saisis, qu'ils insultaient et faisaient marcher devant eux, je pris le parti de fuir, malgré les larmes de mes parents; et, quittant pour la première fois (d'une manière habituelle) mes habits sacerdotaux, je revins de nouveau à Hordain....... J'allais rentrer dans le village, quand une femme, fondant en larmes, accourt me dire le danger dans lequel je me suis jeté. » Des nationaux venaient d'arrêter deux prêtres catholiques, ils les avaient conduits, couverts de blessures, à Bouchain, et les eussent même mis à la lanterne, si le commandant de la ville ne leur eût donné la prison pour asile. Ces mêmes soldats prenaient leur logement à Hordain. Pour entrer, le courageux apôtre dut escalader une muraille du jardin de ses parents et rester caché pendant huit jours, ne sortant jamais que la nuit; encore fallait-il qu'il prît les plus grandes précautions pour n'être pas arrêté par les rondes que chaque village envoyait afin d'arrêter les ecclésiastiques et d'empêcher ce qu'ils appelaient *leurs fonctions nocturnes.*

Cependant, au milieu du tumulte de cette tempête qui ne faisait que commencer, M. Lemaire crut trouver un moment de calme. Des juges de Valenciennes qu'il avait consultés, lui promirent leur appui dans le cas où il serait arrêté. L'intrus d'Hordain abandonna son ingrate paroisse. L'intrus du Lieu-Saint-Amand, ajoutant la sottise au sacrilège, accusait M. Lemaire, devant le tribunal de Bouchain, de ne pas vouloir de son eau bénite ; mais cette affaire n'avait qu'excité l'hilarité des juges. Le bon prêtre pouvait, toujours néanmoins avec quelques précautions, exercer son ministère ; mais ce calme fut de courte durée : le 2 septembre 1792 arriva.

A cette époque de sauvage barbarie, Cambrai, où dominait l'infâme Carra, avait mis en délibération si l'on mitraillerait les prêtres arrêtés ; l'humanité des Cambresiens l'avait emporté sur la férocité du proconsul qui avait donné ces ordres de mort ; les prêtres avaient été jetés dans la caserne appelée le Carré-de-Paille. Cette fureur de persécution rayonna de Cambrai dans les communes voisines. Une troupe de forcenés allait partout à la traque des prêtres. Averti qu'il devait être saisi la nuit suivante, M. Lemaire se cacha, confessa encore quelques personnes, et partit pour Bavai, où, grace à l'insouciance de l'intrus, il n'y avait point de persécution ouverte.

Dans cette ville il retrouve son frère Jean-Baptiste, qui n'avait point abandonné son poste ; mais à peine fut-il arrivé et eût-il ouvert un livre de théologie, à laquelle il espérait donner ses loisirs, que parut le décret de déportation, d'après lequel tous les prêtres non assermentés, qui avaient été ou étaient

en fonctions, devaient quitter la France dans le
délai de huit jours. Le vicaire de Bavai gagna la
Belgique, laissant le soin de la paroisse à l'apôtre
d'Hordain, qui n'était pas compris dans les termes
du décret. Les fidèles s'adressèrent à celui-ci comme
à leur ancien vicaire. « S'ils ne trouvaient plus,
dit-il avec une candeur angélique, le même zèle et
les mêmes avantages dans le ministre, ils avaient
au moins la consolation de retrouver encore un
prêtre catholique. » Il célébrait dans sa maison, et
après la consécration, il glissait dans son sein une
boîte renfermant les saintes espèces qu'il avait
consacrées.

Nous passons sous silence les angoisses dans
lesquelles il se trouva, lorsque sa maison fut
désignée comme corps-de-garde aux troupes du
général d'Arville, et lorsque pendant une procession
schismatique, il s'attendait à être arraché de sa
demeure. Accablé de douleur, il alla visiter ses
parents, et dès lors il commença une série de courses
apostoliques, où il serait trop long de le suivre.
Fontaine-au-Pire, Hordain, Villers-en-Cauchies,
Iwuy, Bavai, Le Quesnoy, Pont-sur-Sambre, Bantigny, sont les lieux qu'il parcourt incessamment.
Partout, il a la consolation de voir les fidèles venir
lui demander la grace du sacrement de la réconci-
liation, grace qu'il est heureux de leur communiquer,
malgré les plus grands dangers qu'il court de la part
des Jacobins et les obstacles que lui opposent les
intrus qui s'avilissent de plus en plus aux yeux des
fidèles, témoins de leurs débauches.

Mais avant de voir l'abbé Lemaire quitter Bavai, disons de son courage un trait qui ne doit point être oublié. Le curé de Louvignies, vieillard impotent, avait été entraîné dans le schisme par le curé de Bavai; il avait prêté le serment dont il ne connaissait pas la portée. M. Lemaire fit entendre au vieillard la faute que sans le savoir il avait commise, obtint de lui une rétractation et, à sa prière, donna dans l'église des instructions qui traitaient des affaires du temps. C'était beaucoup s'exposer; mais c'était aussi ce qu'il y avait de plus important, « et j'aurais préféré, dit-il, être interdit de cette fonction, plutôt que de taire ma foi, ou de scandaliser les fidèles par un criminel silence qui n'aurait été que le fruit d'une crainte déplacée. »

Maintenant, laissons-le nous raconter comment il échappait ordinairement aux dangers qu'il rencontrait sur les routes; ses paroles nous donneront en même temps une idée de sa piété :

« Mes soins étaient d'adorer le sacrement auguste que je portais sur moi, et de demander les graces nécessaires pour les fonctions périlleuses auxquelles je m'étais dévoué. Aux approches des Jacobins (car il était aisé de les reconnaître), j'élevais mon cœur à Dieu d'une manière plus particulière; j'affectais alors l'air d'insouciance qui les caractérisait eux-mêmes : mon chapeau *à la luronne,* mes regards aussi insolents que ceux du plus grand patriote, mes bras pendants et ma lourde démarche n'avaient garde

de faire soupçonner à l'impie que je rencontrais,
le dépôt sacré que je portais sur moi. J'en demande
pardon à Dieu, si dans ces rencontres que je
redoutais comme la mort, j'ai manqué au respect
extérieur que je devais au corps précieux du
Sauveur, devant lequel j'aurais dû être dans un
tremblement continuel. J'ai cru que la nécessité
me dispensait de ces actes extérieurs d'adoration,
qui m'eussent fait connaître et eussent mis obstacle
à mes fonctions. »

Ces dangers étaient de toutes les heures, le jour
et la nuit. Souvent il rencontrait des bandits avec
lesquels il entrait en conversation, parlait de
commerce, de guerres, ou de choses indifférentes,
afin de n'exciter aucun soupçon. Quelquefois il était
obligé de sauter par une fenêtre pour sortir d'une
maison où l'on venait l'arrêter, et loin que ces
périls pussent éteindre son zèle, ils le rendaient plus
intrépide. Un jour on le pria d'aller au faubourg
de Maubeuge administrer un malade appartenant
à une famille où les idées révolutionnaires domi-
naient ; il n'hésite pas à se rendre à l'invitation,
et présenté par les voisins comme médecin étranger,
il remplit son ministère, laissant le malade inondé
de consolations. Pressé par M. Delcroix d'aller au
Quesnoy fortifier les âmes fidèles, il fut obligé de
prendre son logement chez un zélé schismatique
qui n'épargna rien pour découvrir quel était
l'étranger qui demeurait chez lui en qualité de
parent d'anciennes religieuses auxquelles il était

venu rendre visite. De cette maison il passa dans une autre, où il fut réduit à s'entendre dire qu'on allait l'arrêter comme suspect, de sorte que personne ne voulait plus l'abriter. Il sortit de la ville comme il y était entré, c'est-à-dire, en plein midi, se faisant précéder par un laïque qui portait le Saint-Sacrement; ses supérieurs lui avaient donné le conseil d'en agir ainsi, afin de n'être pas reconnu, si on le fouillait. « Échappé au danger et sorti de la ville, après avoir embrassé le saint homme qui venait de me remettre le précieux dépôt dont je l'avais chargé, je me livrais, dit-il, avec joie à l'adoration de mon divin Maître, qui m'avait protégé si visiblement, et je l'en remerciai de toute l'effusion de mon cœur. Une forte pluie m'arrosait et semblait ajouter à mes consolations en me laissant l'espoir de voyager seul avec mon Dieu. »

Après quelques courses dans les environs d'Avesnes où les prêtres catholiques étaient fort rares et les intrus fort communs, l'abbé Lemaire commença, le 4 mars 1793, une expédition qui dura vingt-deux jours et qui lui aurait valu la perte de la vie s'il avait été arrêté. Des prêtres émigrés l'avaient prié d'aller consoler leurs paroisses abandonnées, et lui avaient remis des lettres qui devaient l'accréditer auprès des fidèles qu'ils encourageaient à la patience et à la confiance en Dieu. Comme Timothée qui portait aux chrétiens les épîtres de Saint-Paul, mais exposé à de plus grands dangers que le disciple du grand apôtre, il partit déguisé en marchand jardinier ; visita Gommegnies, Poix, Neuville-Salesches, Haussy et Clary, où la persécution était flagrante, où la religion avait eu ses martyrs et où lui-même fut à deux doigts de sa perte.

Nous allons le laisser parler; les détails que renferme ici son manuscrit que nous suivons, donnent une belle idée de la piété des fidèles dans ces mauvais jours. Après nous avoir appris les dangers qu'il courut dans une visite domiciliaire qui se fit chez les catholiques où il s'était adressé, il continue ainsi :

« Le soir arrivé, je changeai de demeure pour la troisième fois, et les fidèles, à la faveur de la nuit la plus obscure, me vinrent trouver, mais en tremblant, à cause du voisinage d'un cabaret où les bandits assemblés méditaient leurs projets de persécution.

» La terreur était si grande, que l'on me pria de descendre dans une cave profonde, où j'écoutai une foule considérable de monde depuis huit heures du soir jusqu'à une heure de nuit. La communion distribuée, je partis pour un autre quartier de la paroisse où les catholiques m'attendaient avec impatience; mais j'étais tellement abattu de fatigue et de sommeil, que je demandai un repos de quelques heures. Je le pris chez une brave femme, la plus intrépide de la paroisse, mais qui logeait dans le même corps de bâtiment avec de furieux schismatiques. Je ne me souviens pas par quelle fatalité je m'adressai si mal; la pauvre femme me fit passer en tremblant par la fenêtre, et j'en sortis de même, après m'y être reposé une heure seulement, car quelques personnes vinrent me trouver pour se confesser, et la crainte d'un mauvais tour des Jacobins m'engagea à sortir sur-le-champ, pour me rendre auprès des fidèles qui m'attendaient depuis minuit dans le dernier lieu indiqué. Il était environ trois heures du matin. J'eus encore à travailler jusqu'à midi, et j'ai peine à comprendre comment je sus tenir à une si grande fatigue. Le zèle des fidèles me ranimait, et j'ai lieu de croire qu'en leur faveur, Dieu soutenait ma faiblesse et m'élevait au-dessus de la crainte. J'en éprouvai un effet particulier quand le jour parut. Je voyais, de la place où je confessais, l'intrus en fête avec son escorte de Jacobins. S'il se tournait de mon côté, ses regards de fureur et d'indignation étaient capables de me faire frissonner de crainte; je continuai cependant de tout le sang-froid possible; et les fidèles seuls tremblaient pour moi.

» Il me serait difficile d'exprimer la joie des catholiques, après le bonheur qu'ils avaient eu d'approcher de leur Dieu, et leur saint contentement d'avoir encore si bien dupé leurs persécuteurs, qui les surveillaient avec tant de soin. Ils me chargèrent de témoigner toute leur reconnaissance à leur brave curé, qui leur avait donné de nouvelles preuves de son souvenir. Quelques-uns d'entre eux voulurent me conduire hors de la paroisse, malgré ma résistance et le danger qu'ils pouvaient courir. Je leur fis mes adieux, en leur promettant un retour dans quelques mois si les circonstances me le permettaient; mais malheureusement le terme de mes courses approchait et malgré toute l'envie que j'en eus, je ne pus revoir tant de braves personnes qui m'avaient si bien édifié.

» Je trouvai dans une maison de Clary où je confessais, deux catholiques de la paroisse d'Esnes qui profitèrent de l'occasion pour se disposer aux sacrements et approcher de la communion pascale. Charmés de l'avantage que le hasard leur avait fait trouver, ils en sollicitèrent autant pour leurs parents; ils me prièrent de retourner avec eux, et me dirent que plus de la moitié de leurs compatriotes étaient attachés à la religion et que je leur rendrais grand service à me prêter à les écouter et leur administrer le sacrement de l'Eucharistie. Je crus que la Providence, par leur bouche, m'en faisait un devoir; et quoique je dusse par là déranger le plan de mes opérations, je les suivis et me rendis à leur zèle. Nous arrivâmes dans un hameau nommé Grand-Pont, dépendant de la paroisse d'Esnes. Je priai alors de faire avertir les fidèles que l'on jugerait à propos pour m'occuper la nuit et la matinée suivante. Pour moi, je profitai du moment pour me coucher et me reposer. Vers dix heures on m'éveilla. Les catholiques commençaient à arriver, et j'en confessai, à la faveur des ténèbres, le plus qu'il me fut possible. Je les renvoyai alors avant le jour, selon ma coutume; et de grand matin, je donnai mes soins aux personnes de la maison. Je passai le reste de la matinée à confesser et communier d'autres catholiques de la paroisse qu'on avait prévenus de se rendre à la ferme, sous différents prétextes. Rien de plus curieux que les petits stratagèmes dont ils se servaient pour ne donner aucun soupçon : tantôt c'était un maréchal qui venait chargé de son marteau ; tantôt c'était un cordonnier, une paire de souliers sous le bras; c'était ensuite une femme qui sortait de la maison, chargée d'une botte de paille; ou d'autres artisans arrivaient, feignant chacun les raisons de leur état. Il fallait ainsi prendre des précautions, non-seulement à cause des Jacobins du voisinage, mais aussi à cause de quelques domestiques de la ferme, qui auraient pu trahir et dénoncer leurs maîtres. Il eût fallu presqu'une semaine pour satisfaire aux besoins des fidèles que contenait cette paroisse; je n'y demeurai que deux jours. »

M. Lemaire quitta donc la ferme de Grand-Pont, passa par chez ses parents, visita Iwuy et revint à Hordain; mais la persécution sévit de plus en plus. Cette paroisse ne peut plus lui fournir un sûr abri. Sans cesse elle est visitée par des troupes qui y cherchent des prêtres réfractaires; les maisons sont visitées de fond en comble; il échappe à la mort d'une manière presque miraculeuse. Il faut qu'il s'éloigne. Il retourne à Bavai, mais il y trouve les mêmes dangers. L'ordre est donné par le département d'arrêter tous les prêtres insermentés.

Il va de cette ville à Gommegnies, à Pont-sur-Sambre, Bantigny, Esclaibes, où les fidèles lui donnent des joies ineffables; il se trouve au milieu des soldats de l'armée de Dumouriez. Enfin, il se voit dans un état tel qu'il doit choisir entre la fuite et la mort. Il se travestit, quitte la terre de France, et à travers les sentinelles qui gardent la frontière, il arrive à la petite ville d'Athice, le lundi de Pâques.

L'intrépide missionnaire avait pris à peine quelques jours d'un repos indispensable, qu'il voulait déjà rentrer dans sa patrie; mais les prêtres dont il était venu partager l'exil le détournèrent de ce projet, ne voulant pas que les ecclésiastiques déjà tant calomniés s'exposassent à passer pour espions des ennemis de la France. Ils lui rappelèrent que Dieu s'y était réservé des prêtres fidèles, animés du plus grand courage; que pour lui, il avait besoin de prendre du repos et de rétablir ses forces déjà épuisées, en attendant que la Providence lui fît connaître ses ordres pour l'exercice du saint ministère.

M. Lemaire écouta ces sages avis; il attendait en paix les événements, lorsque tout-à-coup arriva la défection de Dumouriez. Bientôt les Autrichiens passent la frontière : Condé, Le Quesnoy, Valenciennes, tombent au pouvoir des alliés, qui permettent à l'administration diocésaine d'envoyer des prêtres dans les paroisses, et de voler au secours des fidèles. Les intrus furent suspendus de leurs fonctions. M. Jean-

Baptiste Lemaire, vicaire de Bavai, fut nommé titulaire de cette cure, où il eut à souffrir les sourdes menées du pasteur schismatique qui soulevait la paroisse contre lui. M. Albert, qui se croyait incapable d'exercer le saint ministère dans une ville, refusa le vicariat de Condé, que lui offrait le vénérable doyen M. Desruenne, pour accepter le vicariat de la Longueville, village situé à une lieue de Bavai.

Hélas! ce n'était plus ces jours heureux, difficiles, il est vrai, mais si consolants, où il se rendait au péril de sa vie dans les familles persécutées, qui le dédommageaient amplement, par leur zèle et leurs bons exemples, des peines qu'il souffrait pour pénétrer jusqu'à elles, et du travail dont leur piété l'accablait. Le schisme avait fait à la Longueville des ravages effrayants. Sous la direction de l'ancien vicaire qui y avait été nommé desservant, l'abbé Lemaire fit sur les erreurs du temps un cours d'instructions, dont les paroissiens profitèrent très peu, parce que n'ayant vu aucun changement dans leur temple et dans les offices, ils croyaient que rien n'avait été changé dans la croyance. Là, comme partout ailleurs, le peuple n'ouvrit les yeux que quand les intrus furent obligés de choisir entre une femme et un mousquet, de déclarer par serment qu'ils avaient trompé le peuple, que leur religion n'était qu'une momerie pour amuser les simples, etc., et qu'ils furent remplacés par des prostituées sous le nom de *Déesses de la Raison.*

Les difficultés suscitées par les prêtres schismatiques et leurs adhérents étaient sans nombre pour les prêtres; mais elles n'étaient rien auprès des calamités qui survinrent. A la disette à laquelle ceux-ci étaient condamnés, vint se joindre une affreuse maladie qui ravagea la paroisse et les environs. Les travaux auxquels se livra l'abbé Lemaire dans cette critique circonstance, les privations qu'il s'imposa pour secourir les pauvres, ses efforts pour ramener les schismatiques et réhabiliter les mariages contractés devant des intrus, les caté-chismes, et de plus, les soins qu'exigeait de lui une école qu'il avait fondée avec son curé pour empêcher le mal que faisait l'instituteur jacobin, le frappèrent de la maladie régnante: il passa dans son lit et à deux doigts de la mort, tout le carême de 1794. Attaqué par une fièvre putride et une hémorragie effrayante, il dut la vie et la guérison au docteur Helle, médecin de Bavai, zélé catholique au désintéressement et aux soins empressés duquel il se plaît, dans ses mémoires, à témoigner sa reconnaissance.

Cependant les alliés, sous la protection desquels les prêtres ont pu pénétrer dans leur patrie, éprouvent des pertes sérieuses. La valeur française les chasse de Maubeuge, d'où, par de fréquentes sorties, les soldats de la république cherchent à forcer les redoutes qui couvrent la Longueville que l'armée alliée, après sa déroute de Charleroi, est enfin obligée d'abandonner. Le 28 juin 1794, pendant la nuit, on vient avertir M. Lemaire que les Français arrivent et qu'il doit fuir aussitôt. Prêtre toujours fidèle, il cherche avant tout à mettre les vases du sanctuaire à l'abri des mains sacrilèges. Il est sur le point d'être enveloppé par ses ennemis, mais il ne veut abandonner son poste qu'après avoir conféré les derniers sacrements à une mourante qui les sollicite. Cet acte d'intrépidité accompli, il s'occupe seulement alors de prendre à la hâte ce qui lui tombe sous la main, se dirige vers Bavai, où il espère joindre son frère et le prendre pour aller ensemble chercher un refuge dans Valenciennes.

Cette attente du saint prêtre devait être trompée : Valenciennes avait fermé ses portes; il est impossible d'y pénétrer. Tout est consommé! Il faut se décider à reprendre le chemin de l'exil! Alors, sur des routes couvertes de familles infortunées, de vieillards, de femmes, d'enfants qui fuient les malheurs de leur patrie, MM. Jean-Baptiste et Albert Lemaire, dont plusieurs prêtres qu'ils ont rencontrés à Bétrechies se sont faits les compagnons, se dirigent sur Anvers, par des chaleurs extraordinaires, qui rendent leurs peines encore plus accablantes.

Dès la seconde journée de marche, entre Ath et Alost, notre exilé se blessa à la jambe. Dans la célérité de sa fuite, il négligea de panser sa plaie; mais bientôt la douleur le força de s'arrêter et de chercher des remèdes. De charitables paysans furent les seuls chirurgiens qu'il rencontra; on lui donna les remèdes que l'on croyait convenables; mais sa blessure s'aigrit, et pendant l'espace de soixante-dix lieues il fut obligé de traîner sa douleur.

Anvers, que les voyageurs regardaient comme devant être le lieu de leur repos, put à peine leur offrir l'abri pour une nuit, tellement était grande la foule des émigrés Français qui y affluaient. Presqu'aussitôt après être entrés dans cette ville, ils en sortent pour s'enfoncer dans les sables brûlants de la Campine. Voici comment notre vénérable prêtre raconte son passage dans cette contrée :

« Jamais nous n'éprouvâmes une chaleur plus étouffante, et à peine trouvions-nous un verre d'eau au milieu des bruyères de ces lieux déserts. Nous tachâmes de gagner la petite ville d'Erhinstal, où nous arrivâmes vers le soir pour en repartir le lendemain de grand matin. Le canon que nous entendions ronfler derrière nous, ne nous permettait de prendre aucun repos : nous nous enfoncions dans le sable au point de nous y trouver arrêtés sans pouvoir presqu'en sortir. Enfin, nous rencontrâmes le bourg de Mol, où nous pûmes séjourner huit ou neuf jours. »

Ils trouvèrent dans ce lieu des âmes compatissantes qui prodiguaient des secours à deux cents prêtres exilés. MM. Lemaire y jouissaient d'un peu de tranquillité; ils avaient emprunté des livres pour se livrer à l'étude. Mais les Français arrivent; ils sont à Dixte, à cinq lieues de Mol. Il faut fuir encore, il faut aller plus loin! On part : les voyageurs, le sac sur le dos, traversent Përer, où ils trouvent à peine un lieu pour reposer la tête et un morceau de pain pour se rassasier. Ils gagnent Elécom, dont les habitants, en les voyant, ne peuvent retenir leurs larmes; après une nuit passée sur la paille (c'était leur lit ordinaire depuis leur sortie de France), ils traversent une longue bruyère. Enfin ils arrivent à Mazek et passent la Meuse pour se rendre à Sytar, qu'ils regardent depuis long-temps comme le terme de leur voyage.

Une grande consolation était réservée à MM. Lemaire dans cette dernière ville. Lorsqu'ils quittèrent la France, ce qui surtout aggravait leur peine, c'était la pensée qu'ils se séparaient de leur famille. Ils avaient appris que leur oncle d'Hordain, chez lequel nous avons vu l'apôtre de cette paroisse se réfugier, avait été obligé de s'expatrier afin d'échapper à mille maux. Leur exil eût été moins cruel, s'ils avaient pu avoir au milieu d'eux ce cher parent, s'ils avaient pu souffrir ensemble leurs tristes revers. La Providence leur fait découvrir que cet oncle bien-aimé et sa fille sont à trois lieues de là; ils courent dans ce village hospitalier, et ils les rencontrent chez un charitable fermier qui donnait le couvert à plus de vingt personnes fugitives.

Les exilés croient encore une fois avoir trouvé un lieu de repos. Hélas! il faut encore fuir, il faut aller plus loin! Namur et Liége sont au pouvoir des Français, qui ne tarderont pas à être maîtres de la rive droite de la Meuse. Des foules innombrables d'émigrés couvraient déjà les routes. MM. Lemaire

et leur famille d'Hordain suivirent à grandes journées
les traces de leurs compagnons d'infortune ; car ils
étaient les derniers et craignaient d'être coupés en
route par la prise d'Aix-la-Chapelle. Ils arrivent
le 25 juillet 1794 à Grimeleckausen, sur les bords
du Rhin, à peu de distance de la ville de Neus.
La rive est couverte de malheureux qui attendent
le moment du passage pour sauver leur vie, et la
foule est si considérable, qu'il faut attendre jusqu'au
lendemain à dix heures pour passer. Les voilà sur
l'autre rive, ne connaissant ni le pays, ni la
langue, et ne sachant où porter leurs pas. Ils
s'abandonnent à la divine Providence qui ne tarde
pas à les secourir. Ils prenaient un peu de repos
sur l'herbe, lorsqu'un jeune prêtre du pays, nommé
M. Curlis, vint causer avec eux de leurs malheurs,
et offrit de leur chercher un logis dans sa paroisse
natale, au hameau de Flechk, paroisse de Belick,
à cinq quarts de lieues de Dusseldorf, où ils purent,
en effet, louer quelques chambres.

Ils avaient passé deux mois dans cet asile, ayant
auprès d'eux une société de prêtres du diocèse de
Cambrai ; tout-à-coup ils apprennent que Landrecies,
Le Quesnoy, Condé et Valenciennes sont retombées
au pouvoir des Français, et que Trèves est prise.
L'armée des alliés est obligée de se retirer au delà
du Rhin ; c'est le signal d'une fuite nouvelle. M. Albert
Lemaire, accompagné de deux prêtres, part à la
découverte. Après une route de neuf lieues qui le
conduisit vers Munster, il demande l'hospitalité au

curé d'une petite paroisse, nommé Osterveld, diocèse de Cologne, qui lui offrit de leur procurer un logement chez quelqu'un de ses paroissiens ; M. Albert Lemaire retourna avec un de ses confrères, chercher ses parents et d'autres personnes qui formèrent avec eux une société de douze membres, et l'on s'installa dans le logement que, graces à la charité du bon pasteur, on avait pu louer.

Dans cette nouvelle demeure, M. Lemaire et ses compagnons d'infortune reçurent mille bienfaits de la charité du pasteur et de ses paroissiens ; tous s'empressèrent de soulager la misère des exilés en leur procurant des nourritures et tout ce qui leur était nécessaire. Plusieurs ecclésiastiques de cette société eurent ensuite leur logement et leur table dans différentes maisons. M. Jean-Baptiste Lemaire fut le premier ainsi placé dans le village de Gladebeck, près d'Osterveld. Cet avantage fut aussi offert plusieurs fois à M. Albert ; mais il refusa parce que les parents des enfants auxquels il enseignait le français, voulurent l'avoir chez eux et le nourrir chaque semaine alternativement. Ils vécurent ainsi en paix pendant plusieurs mois, sans autre soin que celui de bénir la divine Providence qui les protégeait si visiblement ; mais c'était un repos dans l'exil, il ne pouvait être long.

Les armées françaises ne cessaient d'avancer ; elles étaient à Nimègue et tentaient la conquête de la Hollande. MM. Lemaire et leurs associés tremblaient chaque jour d'être surpris ; chaque coup de canon qu'ils entendaient les glaçait d'effroi. D'un autre côté, l'électeur de Cologne avait donné ordre aux émigrés Français d'évacuer ses états. M. Albert Lemaire, dont le zèle ne pouvait rester inactif, avait sollicité peu de temps auparavant les pouvoirs d'exercer le saint ministère; mais il avait essuyé une sorte de refus, qui devait être suivi de cette disgrace bien plus douloureuse. Le gouvernement n'admettait ni raisons, ni requêtes, alléguant pour prétexte de refus, que l'ennemi se portait particulièrement sur les contrées qui avaient favorisé les émigrés et leur avaient donné asile.

MM. Lemaire s'étaient munis de lettres d'admission dans les états de l'électeur et dans l'archevêché de Cologne; mais il fallait renouveler ces lettres dans la capitale de la Westphalie, et ils en étaient éloignés de plus de trente lieues ; on les pressait de sortir, ils en avaient déjà reçu plusieurs sommations, quoiqu'il fît alors un temps affreux. Enfin le gouvernement se modéra, et donna un sursis qui permit d'envoyer à Arusberg faire viser les lettres, ce qui les débarrassa d'importunités nouvelles. Dans cet intervalle de temps, des troupes arrivèrent dans la paroisse; elles en eussent chassé MM. Lemaire, sans les recommandations et la générosité du bourguemestre, qui s'employa ouvertement pour eux et sut les maintenir dans leur logement.

Cependant les Français, favorisés contre les inondations par un hiver excessif, passent le Rhin, les 12 et 13 janvier 1795. « Le parti le plus prudent à suivre, dit M. Lemaire, c'était de nous avancer et de nous abandonner à la Providence, qui nous avait si bien guidés jusqu'ici ; mais le froid le plus intense nous exposait à périr en route, et notre résolution fut d'attendre les événements. C'est la position où nous nous trouvons au moment où je parle (27 et 29 janvier 1795). C'est entre les bras de Dieu seul que je me jette aujourd'hui ; c'est l'accomplissement de sa volonté qui fait l'objet de mes vœux les plus ardents ; s'il me prend dans cet exil dur et pénible au milieu des malheurs qui m'accablent, qu'il jette au moins des regards de clémence sur les milliers de victimes qui partagent mes revers, et surtout de braves catholiques luttant dans leurs foyers, abandonnés à leurs ennemis, privés de toute ressource et surtout des consolations de la religion. Quant à moi, si je meurs dans ces contrées lointaines, c'est en professant ma foi que je mourrai, espérant que mon divin Maître me pardonnera mes péchés, et me fera passer d'un lieu d'affliction et de douleur, dans un séjour de gloire et d'une joie pure et éternelle. Je lui demande pardon de toutes mes faiblesses, je souffre volontiers pour les expier ; je veux être tout à lui, et aussi prêt à mourir ici, si mon heure y est marquée, que prêt à exercer de nouveau le saint ministère dans mon infortunée patrie, s'il plaît à Dieu de la regarder d'un œil de compassion et de m'y reconduire après les terribles revers qui m'ont éprouvé depuis ces temps malheureux. »

Cet acte de saint abandon à la volonté de Dieu
que l'abbé Lemaire exprimait en terminant ses
mémoires dans le lieu de son exil, devait être
récompensé. La patrie devait être rendue à celui
qui pour elle formait des vœux si ardents. En
effet, après qu'il eût passé environ dix mois à
Osterveld avec sa famille et quelques autres prêtres,
il apprit que la persécution était un peu appaisée
et qu'il aurait pu, quoiqu'avec des dangers encore,
secourir les fidèles. Il reprit alors, avec ses parents,
la route de France où il remit le pied à la faveur
d'un déguisement et des ténèbres. L'ancien vicaire
de Bavai s'arrêta à Ath; il y reçut des pouvoirs
très étendus et s'en servit pour opérer dans les
environs tout le bien qu'il put. L'extrême faiblesse
de sa vue ne lui permettait pas de voyager beaucoup.
Il n'eût pas tardé à être reconnu; il se tint donc
long-temps caché à Erquesne, dans une chaumière
si mauvaise qu'elle paraissait inhabitable. Cette
retraite n'était connue que d'un petit nombre d'amis
discrets qui allaient avertir le digne ecclésiastique
quand il avait des malades à administrer; elle
était censée occupée par l'ancienne domestique de
M. Lemaire, et comme cette personne était sur la
liste des suspects, on y faisait de fréquentes visites
domiciliaires, pendant lesquelles M. Jean-Baptiste
Lemaire se retirait dans une cachette invisible. Il
passa dix-huit mois dans cet état, rendant, au péril
de sa vie, les plus importants services à la religion.

M. Albert Lemaire, de retour en France, reprit

le ministère tel qu'il l'exerçait avant son exil. Le sac de marchand de fil sur le dos, le bâton à la main, il parcourut le Cambresis et le Hainaut, déjouant les ruses des ennemis de la foi et échappant d'une manière providentielle aux recherches des gendarmes. Citons quelques traits de notre vénérable curé *à la valise,* selon le nom que l'on donnait aux bons prêtres d'alors. On ne pourra s'empêcher de reconnaître que la main de Dieu veillait sur lui.

Un jour il célébrait le Saint-Sacrifice de la messe dans une maison à Thun–Saint–Martin : un loup qui s'était glissé au milieu du troupeau de brebis fidèles rassemblées autour du bon pasteur, l'avait dénoncé; des gendarmes arrivent et se mettent en devoir d'arrêter l'intrépide missionnaire. Celui-ci, sans se déconcerter, leur adresse ces éloquentes paroles : « Je porte sur moi le Dieu que vous avez reçu à votre première communion; au nom du respect que vous aviez alors pour votre curé, au nom du bonheur qu'il fit goûter alors à votre cœur innocent sur lequel mon Dieu se reposait, je vous défends de m'approcher!!! » Ces mots prononcés avec force et conviction ressemblent à un coup de foudre; ils frappent de stupeur les gendarmes, qui se regardent en silence. Cependant le brigadier insistait, quoique aussi troublé que les autres, pour que ses subalternes s'emparassent de M. Lemaire, qui ajouta : « Vous auriez jadis consenti à mourir plutôt que de trahir votre Dieu, et moi aujourd'hui je me défendrai contre vous jusqu'au dernier soupir, plutôt que de vous le livrer! » C'en est fait : les bras tombent aux gendarmes, ils n'osent toucher à l'oint du Seigneur, et conviennent qu'il s'enfuira comme s'il eût été prévenu de leur arrivée.

Caché chez ses parents, à Hordain, avec deux autres prêtres, il apprend qu'un vieux militaire de Bouchain est à l'agonie et que, depuis trois jours, il demande un prêtre catholique. Se rendre à Bouchain où le jacobinisme a tant d'adhérents, est une tentative périlleuse; et puis ce militaire, dont on vante la piété, n'est-ce pas un guet-à-pens pour attirer un prêtre catholique au milieu de persécuteurs avides de prouver par une capture de ce genre leur zèle pour la nation? Aussi, les amis de M. Lemaire croient devoir refuser de sortir. Mais pour lui, il ne veut pas consentir à laisser mourir sans sacrements un pécheur repentant; il s'enveloppe d'un manteau blanc, trompe ainsi sur son identité toutes les personnes qu'il rencontre, arrive dans Bouchain auprès du malade et entend sa confession qui est faite avec les plus grands sentiments de piété. L'ancien militaire lui témoigne la plus vive reconnaissance. Mais, dans l'excès de sa joie, il laisse connaître, un jour après, le bonheur qu'il éprouve d'avoir pu recevoir les derniers sacrements des mains d'un prêtre catholique. A cette nouvelle, une partie de la garnison de Bouchain est lancée de nouveau sur Hordain, afin de trouver et de saisir M. Lemaire; ils arrivent en fureur chez ses parents, bouleversent tout dans les écuries, la grange et la maison,

percent à coups de sabres et de baïonnettes les
matelas qu'ils aperçoivent, espérant immoler enfin
la victime si désirée. Mais la Providence la couvrit,
encore cette fois, de sa protection. Un meunier
avait vu de son moulin les soldats qui se diri-
geaient sur la commune : ne doutant pas de leur
intention, il avait couru d'un bond jeter l'alarme
dans Hordain. M. Lemaire, devancé par ses compagnons, s'était sauvé par le jardin ; il avait gagné
encore une fois le château de Mme Dumont de
Beaufort, que les soldats ne pensèrent pas à aller
visiter. Furieux d'avoir manqué l'occasion de le
prendre, ils s'en retournèrent en jurant et en disant
que ce prêtre était un sorcier, se rendant visible
et invisible à volonté.

On comprend que notre vénérable prêtre ne
pouvait manquer d'être recherché comme une belle
proie par les gendarmes auxquels il avait maintes
fois échappé ; aussi, de son côté, prenait-il tous
les soins nécessaires pour se cacher et éviter leur
approche. Retiré à Hordain, il osait rarement
coucher chez ses parents, et il passa bien des nuits
couché au pied d'un arbre ou de quelques souches
dans le bois ou le marais d'Iwuy.

Malgré ces précautions, un jour, cependant, il
fut pris, et dans cette circonstance encore, Dieu
veilla sur lui d'une manière particulière. Il disait
la messe dans une maison aux environs de Landrecies : les gendarmes à qui il était dénoncé,
arrivent ; une sorte de respect les engage à attendre

qu'il ait fini ; puis ils le saisissent, l'emmènent, dans l'intention de le livrer à l'autorité qui l'eût probablement condamné à l'échafaud ou à la déportation. Chemin faisant, ils entrent dans un cabaret, à Poix, où, avec une foule de patriotes de l'endroit, ils se mettent à fêter par de copieuses libations la capture d'un prêtre. Sur le point de s'affaiblir au milieu des tourbillons de fumée de tabac et des cris de toutes ces voix avinées, M. Lemaire demande à partir ; mais les gendarmes, qui ne veulent point quitter si vite les paysans aux dépens desquels ils se gorgent de boisson, soit par un reste de pitié, soit pour se délivrer de ses demandes importunes, l'enferment dans une chambre voisine. Notre prisonnier s'aperçoit que les fenêtres sont dépourvues de barreaux ; de concert avec un compagnon de captivité, il songe à s'évader ; la fenêtre se hisse, M. Lemaire sort le premier ; mais le bruit que fait en tombant le panneau qui se détache, attire les gendarmes, la foule se précipite dans la chambre, et pendant que l'on maltraite celui que l'on regarde comme fauteur de l'évasion, le prêtre se dérobe à tous les regards à travers les houblonnières dans lesquelles il erre une partie de la nuit.

Le concordat vint enfin rendre la paix à l'Eglise et donner un peu de consolation au courageux missionnaire. Nommé d'abord curé d'Hem-Lenglet, il fut successivement vicaire de Saint-Géry à Cambrai, curé de Rieux et, en 1814, doyen de Solesmes.

Son humilité qui l'avait autrefois empêché d'accepter le vicariat de Condé, eut beaucoup à souffrir de ces élévations successives; il fallait tout l'empire qu'exerçait sur lui l'autorité de son évêque pour l'arracher à sa position inférieure. Arrivé à Solesmes, il redoubla de zèle, parce qu'il avait tout à faire. Il parvint, à force de peines, à ramener un grand nombre de personnes à la religion; il organisa une musique bourgeoise au moyen de laquelle il releva la pompe des cérémonies religieuses et s'attacha les jeunes gens, et par ses soins l'église fut ornée de peintures à fresques. Son zèle ne pouvait se borner à sa paroisse, il l'étendait comme jadis sur toutes celles où il pouvait opérer le bien, et ce fut ce qui abrégea sa vie. Appelé à Saulzoir, dans l'hiver de 1820 à 1821, pour bénir une église nouvellement construite, il s'y rendit malgré la mauvaise saison et y prêcha; mais il avait plus calculé son ardeur que ses forces : après s'être échauffé pendant la route, il fut saisi par le froid pendant la cérémonie; rentré à Solesmes, il fut obligé de prendre le lit et bientôt il sentit que sa fin approchait. M. Delcroix, curé de Preux-aux-Bois, son ami et le compagnon de ses travaux, fut appelé pour recevoir sa confession générale. Quand cette grande action fut terminée, M. Lemaire en éprouva une joie ineffable que rien ne pouvait égaler; son bonheur se peignait sur sa figure, et son âme quitta cet état de jubilation pour une félicité plus grande encore et que rien ne devait plus troubler.

Voici son épitaphe qui se lit au mur de l'église de Solesmes, vis-à-vis de sa tombe :

A LA MÉMOIRE

DE MAITRE ALBERT LEMAIRE,

DOYEN-CURÉ DE CETTE PAROISSE,

NATIF DE FONTAINE-AU-PIRE,

DÉCÉDÉ LE 20 FÉVRIER 1821,

DANS LA CINQUANTE-SIXIÈME ANNÉE DE SON AGE.

COURAGEUX CONFESSEUR DE LA FOI,

ARDENT MISSIONNAIRE,

DANS LES TEMPS PÉRILLEUX.

PASTEUR VIGILANT

DES TROUPEAUX QU'IL EUT A SA CHARGE,

HABILE DIRECTEUR DES CONSCIENCES.

A SON ZÈLE

GRAND NOMBRE DE PÉCHEURS DOIVENT LEUR CONVERSION,

LES FIDÈLES

PLUS DE DÉVOTION,

L'ÉGLISE

SA DÉCORATION.

—

Outre ce précieux manuscrit que nous nous sommes plu à citer, on a de M. Albert Lemaire deux écrits, qui sont : le premier, un résumé de ce que l'*Ami de la Religion* publia de plus intéressant de 1814 à 1820; le second, un journal des faits remarquables qui se sont passés dans le Cambresis à cette même époque. De plus, un petit traité en forme de lettres qu'il composa pendant la révolution sur le serment de *Haine à la Royauté*.

En terminant cette notice, disons quelques mots des frères de M. Lemaire que nous avons vus le précéder dans la carrière du sacerdoce et dont l'un d'eux a partagé son exil. L'aîné, M. Tranquille, l'ancien professeur à l'école d'Auxerre, fut nommé, en 1806, curé de la petite paroisse d'Haucourt, qu'il quitta en 1809 pour aller en la même qualité à Villers-Outréaux, où le souvenir qu'on lui garde encore, témoigne de l'affection qu'il avait su s'y concilier, tout en remplissant rigoureusement chacun de ses devoirs. Lorsque son frère quitta Rieux pour aller à Solesmes, il fut nommé pour le remplacer dans cette dernière succursale. Aimé de tous pour l'aménité de son caractère et toutes les vertus du prêtre, il continuait le bien qu'avait fait son frère lorsque sa faible complexion, qui l'avait empêché de se livrer aux rudes travaux de l'apostolat pendant la révolution, le fit descendre avant l'âge au tombeau. Consolé dans ses derniers moments par son digne confesseur, M. d'Haussy, curé de Cagnoncles, et après de grandes souffrances supportées avec piété et résignation, il mourut entre les bras de ses confrères et de sa famille, le 27 septembre 1818.

Quant à M. Jean-Baptiste Lemaire, il fut nommé, en 1802, desservant provisoire de la paroisse d'Houdain, près Bavai, et transféré six mois après à la cure de Bétrechies où il resta jusqu'en 1820, en y déployant toute la patience et toute la fermeté que donnent une foi vive et une ardente charité, souffrant patiemment les persécutions que quelques individus de bas étage lui suscitaient. Il était vénéré comme un saint prêtre ; il semblait être le patriarche des environs, passait tout le temps pascal au tribunal de la pénitence, entendait les confessions de ses paroissiens et des habitants des communes voisines qu'une confiance illimitée lui amenait en foule ; il eut même le bonheur de convertir plusieurs malades, et notamment des seigneurs voisins auprès desquels les propres pasteurs avaient échoué.

En 1820, il fut nommé à la cure de Saint-Pithon près de Solesmes, où son frère était doyen. Il eut la consolation d'y opérer beaucoup de bien et d'y être chéri comme un père. Qu'il nous soit permis de citer de lui un trait qui, échappé au secret dans lequel son auteur en enveloppa tant d'autres, nous peint tout entière cette charité pour les pauvres qui le priva souvent lui-même du nécessaire et le força de recourir à sa famille. Nous rapporterons ce trait dans toute sa simplicité.

Comme la cure de Saint-Pithon est attenante à celle de Solesmes, les deux frères avaient la consolation de se voir souvent.

Un jour que le desservant rendait visite au doyen, celui-ci s'aperçoit que son frère porte une chaussure trouée : Vos bas sont troués, lui dit-il ; pourquoi n'en mettez-vous pas d'autres ? — Je n'en ai pas. — Vous pourriez en acheter ? — Je n'ai pas d'argent, j'attends mon trimestre. — Vous ne partirez pas ainsi : tenez, voilà des bas neufs, mettez-les et portez vos vieux chez vous afin de les donner à vos pauvres en mon nom.

Le bon curé part; il rencontre un de ses paroissiens qui lui demande la charité; n'ayant point d'argent, il se retire à l'écart, ôte ses bas neufs et les apporte au pauvre. Il ne tarde pas à se rendre de nouveau à Solesmes. M. le doyen le voyant encore avec ses vieux bas hérissés, cette fois, de grossiers raccommodages : Mais, mon frère, lui dit-il, avez-vous donc fait vœu de porter toujours une chaussure usée; je vous donne des bas neufs pour que vous ne sortiez pas avec un tel air de misère.... Où sont les bas neufs que je vous ai donnés? — J'en ai fait la charité. — Pourquoi ne pas donner vos vieux? — J'y avais bien pensé; mais j'ai réfléchi que les pauvres n'avaient pas de quoi acheter de la laine pour faire disparaître les trous.

A ces mots, M. le doyen se jeta dans les bras de son frère, et les deux confesseurs de la foi se mouillèrent de leurs communes larmes. Ce fait, connu dans toute la contrée, n'a jamais été nié par M. le curé de Saint-Pithon; quand on lui en parlait, il souriait en rougissant, répondait de manière à faire changer la question, et sans la déposition de M. le doyen de Solesmes, il eût été ignoré comme tant d'autres.

Quand M. Jean-Baptiste Lemaire sentit ses forces diminuer, il demanda et obtint un vicaire entretenu à sa charge. Il devint presqu'aveugle ; l'apoplexie lui avait altéré la parole. Il ne voulut pas que sa paroisse souffrît de ses infirmités, et pour faire place à un autre curé, il se retira chez ses parents, à Fontaine-au-Pire, dans le courant de 1832. Mgr Belmas lui avait laissé les pouvoirs d'entendre les confessions même chez lui, où l'on vit affluer beaucoup de personnes des communes environnantes. La plupart des curés voisins le prirent pour leur directeur, vinrent lui faire part de leurs difficultés dans le saint ministère, implorer ses conseils ; ils en recurent toujours de salutaires avis et se retirèrent chaque fois plus contents et plus éclairés.

Malgré ses souffrances, il n'avait pas cessé d'avoir une conversation très agréable, fort instructive et portant toujours l'empreinte de la religion ; à voir l'adresse avec laquelle il l'amenait dans ses discours, on comprenait facilement que sa bouche parlait de l'abondance de son cœur. Quand on parvenait à lui faire raconter quelque chose de sa vie, il disait de préférence les conversions que Dieu avait bien voulu opérer par son ministère. Un jour, après une absence de quelque temps, ses neveux ou nièces qui l'avaient laissé seul, lui demandaient s'il ne s'était pas ennuyé ; il répondit qu'il lui était impossible d'avoir de l'ennui, parce qu'il n'était jamais moins seul que quand il n'avait personne avec lui ; qu'alors il se trouvait dans la société des saints, des anges, de la Sainte-Vierge et de Dieu,

Dans ces moments, il s'occupait à passer en revue les mystères de la religion; il aimait surtout à méditer la Passion de N.-S.-J.-C. Un jeune séminariste venait de traduire les réflexions affectueuses de saint Liguori sur les souffrances de Jésus-Christ, et le livre du même saint, intitulé *Le Chemin du Salut*. M. Lemaire se les faisait lire tour-à-tour, les repassait ensuite dans son esprit, et cette méditation des souffrances de son Dieu, l'aida singulièrement à supporter les douleurs qui accompagnèrent les derniers moments de sa vie précieuse.

Sa mémoire s'affaiblissait depuis une année; sa langue paralysée ne formait plus que des mots souvent inintelligibles. De fréquentes suffocations l'obligeaient à se tenir constamment assis ou couché dans le même sens; bientôt il se forma des plaies à différents endroits de son corps. La gangrène ne tarda pas à s'y déclarer; secondée par la chaleur de l'été de 1834, elle fit bientôt de grands ravages; il fallait, pour l'aborder et le soigner, un dévoûment égal à celui qu'il avait montré au curé de Frameries. Ses souffrances étaient horribles, et cependant, jamais un mot, jamais une plainte ne sortit de sa bouche. Plein de dévotion envers la Sainte-Vierge et de confiance envers cette bonne mère, il fût mort volontiers à l'époque de l'une de ses fêtes; il expira la veille de la Présentation, 20 novembre 1834, après avoir reçu les sacrements quelques jours auparavant, et tenant en main son crucifix avec son chapelet. Son inhumation eut lieu le

lendemain au milieu d'un grand concours d'ecclésiastiques, de personnes de Saint-Python et de
Fontaine-au-Pire, attirées par la vénération de ses
vertus et sa réputation de sainteté. Sa louange
était dans toutes les bouches, et l'on ne se lassait
pas de l'entendre.

L'abbé **BONIFACE**,

Principal du Collége de Cassel.